Isula d'anima
Soul Island

puemi di / poems by
Patrizia Gattaceca

Corsu & Inglese / Corsican & English

Traduttu da / Translated by
Frédérique Mattei Jordan

THREE ROOMS PRESS

NEW YORK CITY

Isula d'anima / Soul Island
puemi di / poems by Patrizia Gattaceca
traduttu da l'inglese da / translated to English by Frédérique Mattei Jordan

Editors: Peter Carlaftes & Kat Georges

Cover and Interior Design:
KG Design, New York, NY
katgeorges.com

First Edition

ISBN: 978-0-9835813-7-6

Text set in ITC New Baskerville. Chapter title pages in Didot.

Published by
Three Rooms Press, New York, NY
threeroomspress.com
info@threeroomspress.com

Preface

Corsica. For modern Americans who have heard of the Isle of Beauty, "Corsica" may rustle up images of pristine Mediterranean beaches, Napoleon's birthplace, and pine-topped mountains full of natural springs and rock-strewn magnificence. Or it may bring to mind the typical travel article that depicts it as a playground for the rich and famous, a magnet for the yachting crowd, an exotic place filled with the mysterious polyphonic singing that occasionally makes its way west to New York's Carnegie Hall. But for American founding father Thomas Jefferson, Corsica was no mere exotic destination. Rather, Corsica's initial 1755 Constitution is said to have served as a major inspiration for Jefferson in drafting the U.S. Constitution.

Still, all of this adds up to a miniscule amount of information about a culture that has managed to survive against the odds. What was the glue that helped it survive? The Corsican language. And at the heart of every language is its poetry.

Patrizia Gattaceca is well known in and out of Corsica as a singer-songwriter. She was instrumental in the early days of the *Riacquistu*, the Corsican cultural revival movement that began in the mid-1970s. With her friend Patrizia Poli, she founded the female polyphonic singing trio *Les Nouvelles Polyphonies Corses*, which attracted worldwide attention with its performance at the opening ceremony of the 1992 Winter Olympics in Albertville, France, and which recorded with John Cale, Ivo Papasov, Manu Dibango and Patti Smith.

But it was Gattaceca's poetry that attracted us: the imagery of moons and mountains and sea and underneath it all, the taut sensation of loss and sorrow, the heartfelt exploration of the loneliness of the human condition, and, as her poetic teacher and mentor Ghjacumu Thiers describes, "the infinite within the finite." It was heartbreaking that so little of her work had ever been translated to English.

In fact, a culture as full of poetry as that of Corsica has a marked lack of *any* poetry translated to English. With the very basis of American culture built from Corsican inspiration, this lack is truly shocking. According to UNESCO, Corsican is a "potentially endangered language." By offering a bilingual edition of Gattaceca's poetry we hope to inspire more interest in the language and provide a means for further exploration.

Gattaceca has four collections of her work published in Corsican and French, including (*A Paglia è u focu/La paille et le feu* (Les Belles Lettres, Collection Architecture du verbe, 2000), *Mosaicu* (Editions SCP, 2005), and *Tempi di rena/Dans le duvet de la cendre* (Albiana/Centru culturale universitariu, 2010). The Three Rooms Press collection, *Isulu d'anima/Soul Island* is the first full-length book of Gattaceca's poetry to be published in Corsican and English.

In addition to her poetry, something else ignited our interest in Patrizia Gattaceca: She is known as "one of the most courageous women of France." In 2007, she was accused of aiding Yvan Colonna, a suspect in the 1998 murder of Claude Érignac, the prefect of Corsica. Some background: On February 6, 1998, as he left a theater in Ajaccio, Corsica, Érignac was shot three times in the neck. An investigation identified Colonna as the prime suspect. He disappeared, sparking the biggest manhunt in French history. He evaded capture until July 4, 2003. Following his arrest, he repeatedly proclaimed his innocence, asserting he was convicted in the press before trial. Nevertheless, in December 2007, he was convicted on all charges and sentenced to life. After multiple appeals, on July 11, 2012, France's highest court confirmed the conviction. The case may now be appealed to the European Court of Human Rights, a process which could take four to five years.

Meanwhile, in November 2007, four years after Colonna's capture, Gattaceca and others were indicted for allegedly aiding Colonna in 2002 and 2003. Gattaceca was shackled, brought to a Paris prison and fiercely interrogated. For three years, while her case was pending, she was unable to leave Corsica, hampering her international singing career. When she finally was brought to trial in May 2010, she risked years of penal servitude for aiding Colonna. She admitted to feeding Colonna but denied that act made her a terrorist, telling *Journal du Diamanche* in a pretrial interview that while she disobeyed one law, she had obeyed another: "the duty to show hospitality and solidarity toward someone she considered innocent." In July 2010, she was sentenced to time served. The prosecution immediately appealed and as of this printing the case is still pending.

Throughout her poetry, echoes are heard of the modest and humanitarian nature that led Gattaceca to come to the aid of a man in need. By publishing *Isulu d'anima/Soul Island*, we pay homage to a truly remarkable modern woman, her exquisite poetic voice, her language and the culture that seems to us as inspiring as it must have been to Thomas Jefferson. We hope, in our small way, to provide a means of continuing to reveal this unique culture as it continues to thrive.

— *Kat Georges & Peter Carlaftes*
July 2012

ISULA d'ANIMA / SOUL ISLAND

Homes

—

Case

I am content to rest
as the fire glows and grows
in this blazing home
violent times sit like
the very first kiss of dawn
on an icy marble.

Mi piacia à andà
duv'ellu si pisava u focu
in issa casa di brusta
è di stonde viulente
quant'è u basgiu primu di l'alba
nantu à u fretu di u marmaru.

Our home was
a stream where
birds came to sip
while our chirping burst
through the windows.

Clear windows
are liquid glass
where sun
dreams dive
I bow to breathe the summer
as time sleeps peacefully
in the ashes.

A casa ch'è no fuimu
era un guaglinu
Ci ghjunghjianu à beie l'acelli
mezu à i nostri chjuchjulimi
lentati da e culumbare.

Sò chjari i purtelli
i so vetri d'acqua
ci lacanu ciuttà
soli sunniati
M'arrimbu à sente l'estate
mentr'ellu dorme chetu
u tempu sottu à e cennere.

The bricklayer time
etches crumbling destinies
in your veins
oh, eternal stone
oh, impenetrable blueschist!

Stone dead asleep
Then someone returns
and leans on the porch
Today we shared words.

Scialbò destini frolli
in le to vene
u tempu muratore
o sempiterna petra
o matticciu!

Firmava insunnulita a petra
Eccu chì s'arrimba à l'usciu
quellu chì volta
Hè ghjornu di parolla à sparte.

We stay awake every night
hoping you will come back
The hand lifts the latch
the flame casts your shadow
on every wall
Our arms call
for your words
made of water and sun
Tales for a lively feast
in this castle you invented for us
beyond time.

No need to speak
your calloused hands
tell us you are full
of ancient knowledge
They are the fruit
that quenches
our thirst
At the end of the table
you share
bread and love.

À tene ci svegli ogni sera
era u spera di u to passu
A manu pesa a stanga
è ci porghje u to visu
nantu à ogni muru
a fiara
Chjamanu e nostre bracce
e to parolle d'acqua è di sole
Fole per una festa rimurosa
in issu castellu ch'è tù ci inventaste
al di là di u tempu.

Un c'era bisognu à dì
parlavanu i caghji
di e to mani pregne
di l'anticu sapè
Anu fattu maturà
i frutti chì stancionu
a nostra sete
In punta à u tavulinu
Si tù à scumparte
pane è amore.

I was the one who
could not sleep without you
could not stay without you at my side
You felt my dreams
curved behind your apron,
as white and deep
as your womb
The simple movement
of your arms calms the air
and brings back your voice.

Trunks are filled
with jasmine and daffodils
your silky hands
dip inside
Taking and leaving
throwing threads to the sky
Your dream lies
beyond the veil.

Eiu ùn sapia dorme
senza tè nè vighjà
senza avè ti à u mo latu
M'ai ascultatu sunnià
ciotta in u to scuzzale
biancu è prufondu
quant'è u to grembiu.
Azzeca l'aria
u gestu bellu di e to bracce
è mi porghje a to voce.

Sò pieni i cascioni
à ghjelsuminu è talavellu
duv'elle ciottanu
e to mani di seta
Piglianu è ùn piglianu
purghjendu à l'aria a stofa
T'aspetta u to sognu
dilandi à u velu.

How sweet were those moments
of so few words
such thoughtful hands
I keep them warm
with the heat of my heart.

Dreams withered
in the silent bedroom
Were we words
full of passion and peace
or only lonely shadows?

Quant'elle funu dolce
isse stonde di a parolla scarsa
e nostre mani pensose
E curgu à a ziglia
di u core.

Si sò secchi i sogni
in a camera muta
Simu stati parola
brusta viva è pace
o puru solu ombra?

Dreams withered
at home
Winter tarnishes time
in the garden of memory
your voice remains.

Si sò secchi i sogni
à l'agnone
L'invernu invechja l'ora
in l'ortu di u ricordu
duv'ella fù a voce.

Seasons

—

Stagioni

Swells
an
infinite
river of earth
Bubbling April
an arbor of language
embraces the sky
Spreading countless
green notes into song.

S'ingonfia
unu
infinitu
u fiume di a terra
Bullore d'aprile
sottu à parolle frascute
quasi à basgià u celu
Si sparghje in centu verdi
l'aria di a so canzona.

They are queens
in the garden
while the sun disappears
Their fingers pull petals playing
"loves-me, loves-me-not"
until the darkness
and longer.

Everything is written
along the larch pine
whose peak drenches
green into azure.

Sò regine
à l'ortu duve punghje u sole
E so mani curolle
ci sfrondanu l'amori
unu à unu
finu à l'ultimu
è po più.

Hè scrittu tuttu quì
in u lariciu longu
chì a so vetta intinghje
u verde ind'è l'azurru.

My country returns
in declining summer light
September
draws the curtain
on the darkness
of the old season.

July
of games
of shadows and daffodils
of deep green waters
We forget
the words of war.

À rende mi u locu
hè issu lume scadutu d'estate
A stanga settembrina
chì chjode u mo sguardu
nantu à l'oscuru
di a stagione vechja.

Lugliu
di i ghjochi
d'ombra è di talavellu
d'acque prufonde è verdi
Ci emu dimenticatu
u farru di e parolle.

No one outside
November
Its musty coat
of clouds
of nothing
of time
Tick-tock, tick-tock, tick. . .
Time moves backwards
since you have not been here.

The great tree
stretches bent
the meaning of time
carved in it
by the wind.

Fora nisunu
Nuvembre
U so mantellu mucidu
di celu
di nuli
di tempu
Ticchitacchi tacchiticchi tacchi. . .
A contravita và u tempu
da ch'è t'ùn ci si più.

Si stinza tuttu
l'arburone spendiconi
è dà sensu à u tempu
chì cù u ventu
l'hà scultatu.

December rains
Tomorrow already
in grief for us
facing heavy steps.

January chiseled
marble words
you told me
eternal
a white whisper
of farewell.

Dicembre è piove
Digià dumane
in dolu di noi
s'affacca à passi grevi.

Ghjennaghju incisu
da e parolle marmaru
ch'è tù mi diste
eterne
in u biancu suspiru
di l'addiu.

February
I dress in rags for you
and I sip poison
in your snowy hands
little by little
my heart
melts.

And say
that your voice was honey
that your skin was a magnet
that your face was a divine image
that you were my whole horizon
And say
that the flood of May
swept away everything
everywhere!

Ferraghju
Mi so vestuta à stracci
per tè è beiu toscu
in le to mani neve
strughje
à pocu à pocu
u mo core.

Pensà la
chì a to voce era mele
chì a to pelle era calamita
chi u to visu era maghjina divina
chì a to persona tutta era l'orizonte meiu!
Pensà la
chì a piena di maghju in un lampu
s'hà paratu tuttu
tuttu à tempu!

The more I forget about you
the more this
broken dream
consumes me
summer beats time
with our sighs.

Più mi scordi di tè
più a fola strappata
accunsentu à cuntà mi
da cunsumà le tutte
e statine chì battenu
u tempu di i nostri suspiri.

Departures

—

Partenze

At the end of the trail
I walk as a child
your voice lives on
my only memory
my only love.

In fondu à u chjassu
duve zitella mi ne vò
hè viva a to voce
unica memoria
ed unicu amore.

Childhood was endless
jumping every high wall
delicious days
You stayed there
wrapped in time
undefined.

Nothing has changed
where your hand
scraped the earth away
and your breath left
the fragrance of your embrace.

Era longa a zitellina
ogni ripa alta à salta
colma à ghjorni savuriti
Ti sì firmatu quallà
avvoltu in issu tempu
indefinitu.

Nunda hè cambiatu quì
duv'è a to manu ghjimba
hà spetratu a terra
è u to rispiru hà lacatu
u muscu di u t'abbracciu.

I needed
this time of pain
this long whisper of absence
to find you in my silences
In the country of my nights
light expands now
unbound.

Always
you are leaving
On your lips
neither bread nor wine
but the long kiss
of endless
departure.

Ci hè vulsutu
issu tempu di a pena
issu rispiru d'assenza longu
per ch'o ti trovi in i mo silenzii
À u paese di e mo notte
a s'allonga oramai u lume
scioltu.

Sempre
sì statu una partenza
À e to labbre
nè pane nè vinu
ma u basgiu longu
infinitu
d'una partenza.

Your leaving reflects
on the glass
my breath mists
my hand erases.

Here we are
here I go
I won't forget anything
I won't forget us!

Sì spechja a to partenza
nantu à u vetru
u mo ansciu l'affosca
a mo manu a squassa.

Eccu alò
mi ne vò
Ch'ùn mi scordi di nunda
Ch'ùn mi scordi di noi!

To the one who leaves
what can we say?
To the one left behind
a dim horizon
a silent landscape
a hungry letter already read
To the one who leaves
a high mountain to conquer
To this one what can be said
besides endless words?

how to understand
a vacuum
an absence of cold
a fading hearth
where no one lives or dies.

À quellu chì si ne và
chì si pò dì?
À quellu chì ci laca
un orizonte foscu
un paisagiu mutu
una lettera nuda da leghje à l'oramai
À quellu chì ci laca
una muntagna alta à sculinà
À quessu quì chì si po dì
s'elli ùn sò detti d'eternità?

cumu capì
u viotu
u fretu di l'assenza
à a ziglia chì si sfiata
duve nè si nasce nè si more.

It was sweet
a feast to my lips
meanwhile time crumbled
ahead of us
pitiless.

⁕

The ship floats away
the rockrose cries
the wind disperses
its scattered perfumes
from now on
I can't feel its voice
rising to my lips.

Fù dolce
u to cibu à e mo labbre
mentre ellu s'arighia
u tempu da nanzu à noi
spietatu.

S'alluntana a barca
Pienghje u muchju à l'orizonte
u ventu sturdulitu
da spapersi prufumi
ùn pò sente oramai
a voce di l'onda
à e mo labbre.

Cruel times
profound anguish
each time you leave.

Tempi mischini
da l'angoscia sfrundata
quandu ti ne vai.

Islands

—

Isule

Born each day
Red horizons
count the islands.

Nasce u ghjornu
Rossu l'orizonte
mi conta l'isule.

Island at dawn
rain and wind
A shaft of light
unveils the day.

Island at dusk
Old moon and shattered silence
reflecting upon
wasted time.

Isula in ghjornu
d'acque è di ventu
Un ragiu d'alba conta
u tempi chì face.

Attrachju d'isula
Lune vechje è silenzii spezzati
duv'ellu si spechja
u tempu chì sface.

Goddess Island
quiet and angry
Ray of time in the storm
turquoise print
in the light shaft.

The sky and sea
melt endlessly
Three islands alone in the sun.

Isula Dea
zitta è zerghosa
Ragiu di tempu in tempurale
Orma turchina
in u pozzu di lume.

Azurru è mare
si cunfondenu
Sole l'isule sò trè.

Caught in a wave
On the horizon
traces of good and evil.

From sand and salt
a breath rises
on the shore
it's you.

Mossa di l'onda
L'infernu orizonte
si trae male è bè.

Di rena è sale
u soffiu chì sale
da a sponda
si tù.

Mirror island
diffused resemblance
from your face to me.

A deep blue voice
Smooth water beckons
far away from you.

Isula spechju
sumiglia spapersa
da u to visu à mè.

Voce turchina
L'onda liscia mi chjama
luntanu da tè.

As exile begins
New hours flavor
The devoted breath
of a scattered crowd.

a roaring wave spills
Mixed perfumes
of salt and autumn.

Esiliu origine
Spechju di l'ore nove
A deda spiriata
d'una schiera spapersa.

un frombu d'onda
Si mischjanu muschi
di sale è vaghjime.

My island dream is from dishevelled memory
Within the soul lay deep silences
The open wound in the retrieved word
What the hand tells, what the hands do

Just a thread hanging by an ancient song
A precious moment picked up in flight
A branch against the skin, a return to Spring
My island dream is from dishevelled memory

The ship wanders and sails in revolt
On the defiant wave and the two-faced sea
Blue glass of this whirling mirror
Within the soul lay deep silences

Love and sorrow merge in a human soul
Sensual awakening in the heavy fern
Inebriated whispers long for coming days
The open wound in the retrieved word

Destinies in exile, return without reunion
Waved handkerchief of a final farewell
The book opened at the just-read page
What the hand tells, what the hands do

Children's song harvested in the sky
Sweet and moving voice of fervent light
Take their names away in the abyss
In your requiem, Mother, my lament returns
My island dream. . .

U mo sognu isulanu hè di memoria sciolta
À l'arice di l'esse vanu silenzii arcani
A ferita profonda in la parolla tolta
Ciò chì a manu conta è facenu le mani

Hè solu un filu appesu à i canti landani
Una stonda preziosa à l'ispensata colta
Issa machja à fior di pelle ritornu à li verani
U mo sognu isulanu hè di memoria sciolta

A vascella s'hè persa è naviga rivolta
À u marosu mattu è i mari furdani
Verde spechju turchinu chì voca è girivolta
À l'arice di l'esse vanu silenzii arcani

L'amore si cunfonde in li penseri umani
Sbunurata laziosa in la filetta folta
I suspiri briachi di tanti lindumani
A ferita profonda in la parolla tolta

Destinu spalluzzatu è ghjunta senza accolta
Mandile sventulatu di l'addii dardani
U libru ch'è n'aprimu à la pagina volta
Ciò chì a manu conta è facenu le mani

Canzona zitellina da i solchi suprani
Voce linda di lume ardente chì scunvolta
È porta li so nomi à l'abissi luntani
Cù lu to requiem o mà issu lagnu volta
U mo sognu isulanu. . .

Lights

—

Lume

Night rainbow full sail ahead
Blazing twilight, clear air
Dawn emanates soft light
Windward rainbow
Mute print of a flag
Colors known from the ground
The rainbow of hope dissolves.

L'arcu di sera sparghje le vele
Arde l'areghju in cel serenu
Allaccia l'alba di luce lebbia
L'arcu di mane cennu pumposu
Aghjale vechju d'una bandera
Ancura in terra i so culori
L'Arcubalenu sperenze sciolte.

My village, my country
made of gates and low walls
The stairs worn down
from pleasures and childhood
My heart still sings with voices
from the *Terranova*
Above the Sirocco gusts
hear the sheets slam
You lay in my arms
in the sun.

Paese u mo paese
di muragliette è purtoni
Ci aghju frustu u scalinu
di i sciali zitelleschi
È mi canta sempre in core
a voce di Terranova
Cù i colpi di sciloccu
sentu chjuccà le lenzole
In cor di l'abbracciu meiu
ti ne stendi à u sole.

Breath of light
in foggy dawn
Bitter and eternal stone
Granite bursts to view!
A gust cries
rocked by the tall pines
Barbarian complaint.

Sbuffulata di lume
in l'alba nebbiacosa
Aspra ed eterna petra
Spunta granitu raspiu!
Una burasca lagna
da pini manganata
Hè barbaru issu cantu.

Blue towers above the sea
Lathered lighthouses
Burning marinas
Beached reproaches
from Moorish horizons
Your deepest secrets buried
in stones and graves.

Site torre turchine
fanali flagillati
À e marine accesi
i raconti rimbecchi
da li mori orizonti
Curate gran secreti
impetrati curdogli.

The blond murmur
of a crushing light
The deep cry
of a heavy night
Go to the mountain

Voices surround
Shepherd of utopia
I respond
the lamb responds
Go to the mountain

Above the peak
the eagle soars
swirling in
the rainy breeze
Go to the mountain

Bathing in mint
in a natural spring
The soul replenished
Go to the mountain.

U murmuru biondu
di lume chi fragna
U mughju prufondu
di a notte pagna
Vocu in la muntagna

Voce in lu circondu
Pastore cuccagna
Eiu li rispondu
li risponde l'agna
Vocu in la muntagna

Da sopra à Rutondu
ci spunta l'altagna
In un ballu tondu
u ventu si lagna
Vocu in la muntagna

Pozzu senza fondu
a mente ci bagna
L'anima ci affondu
Vocu in la muntagna.

Dazzling
Sky of blood-red light
Peculiar truth.

Abbaghjulime
Celu rossu di lume
Strana verità.

I want to feel the sea by day
and leave my shadow to the sun
Pour my life as liquor
Ring the love of each moment

I want to hug the universe
Melt in its pulse
Answer my friend the bird
in the breath of my verse

In the gusts of *Tramuntana*
my heart palpitates
An ancient song, pulsing

On a blue wheatfield
I scatter golden spikes
harvest spinning verses.

Vogliu sente infiarà si l'onda
Lascià l'ombra meia à sulana
madrà mi a vita à liquore
sgranà di l'amore ogni stona

Ne vogliu accinghje l'universu
confonde mi in lu so battime
Cuntrastà cù l'acella amica
in l'alitu di lu mo versu

À l'ecu di a tramuntana
stà la mo terra batticore
Cinna a canzona landana

Pè l'aghje azurre di e cime
sparghje cun tè a bionda spiga
è fà tundulià le rime.

Moonlight mirror
illusion of lovers
Gold in the dark night

A small boat
as a child dreams
Moonlight mirror

Stars appear one by one
sewn in the stream
Gold in the dark night

A shimmer of a lake
and the thread, and the trail
Moonlight mirror
Gold in the dark night.

Spechju chjaru di luna
per l'amanti allucinu
Oru in la notte bruna

Barcella di furtuna
per sognu zitellinu
Spechju chjaru di luna

E to stelle una à una
sumeni in lu guaglinu
Oru in la notte bruna

Riflessu di laguna
U filu è lu caminu
Spechju chjaru di luna
Oru in la notte bruna.

The last ray is entombed
On the night I marry
In our circle of love
a crushing sun beats

The night I marry
I drink from your spring
a crushing sun beats
In my eroded desert

I drink from your spring
of life so desired
In my eroded desert
the last ray is entombed.

L'ultimu ragiu s'intana
À la to notte mi sposu
Di l'amore in lu chjosu
ci batte la sciappittana

À la to notte mi sposu
è beiu à la to funtana
ci batte la sciappittana
In lu mo desertu rosu

È beiu à la to funtana
fiume di vita più gosu
In lu mo desertu rosu
l'ultimu ragiu s'intana.

Sun from my travels, so many in your blood
Brushed by a whisper, wind of the future. . .
At the top of the light, the perfume of your skin
Beyond our breath, the wind, the touch
Tame for me the sleepy hours just before the dream
Let the sky beat inside me and tell me about silence
The train of life departs, blind in the dark
Pain on the way from the iron of bitterness
Traveling
You soothe my days of fever and pain
Write with your hand this colored letter
Burn in my heart, a haven of tenderness
Dawn and twilight embrace like brother and sister
Exquisite perfumes of August that leave us
Traveling and bloody. . .

Soli viaghji mei, sò centu in le to vene
È mi frisgia un suspiru, u ventu d'oramai. . .
À e sarre di lume, muscu di la to pelle
Da quindi à u fiatu, u ventu, a carezza
Ammaestra mi l'ore stracquate pè u sognu
Batti mi in grembiu un celu è di mi u silenziu
Di a vita u trenu fila à cecu bughjone
Pè a via ferata ferita d'amarezza
Sò li viaghji
Di frebba è di dulore i ghjorni mi cunsoli
Scrittu è da la to manu u fogliu culuritu
Incensu in lu mio core un mare tenerezza
È basgianu l'albori l'attrechjate surelle
Muscu suale è sangue d'aostu cancellatu
Sò li viaghji. . .

Sorrowful moon dance
stories in the fog
Tears fall. . .

Black cloud
Divine sign
Deep darkness.

Detti di lune
piene, folte le pene
Nebbiacosu andà. . .

❦

Nivulu neru
Segnu celestu
di a pagna oscurità.

Soul

—

Anima

puemi 1–7 di / poems 1–7 by
Patrizia Gattaceca & Jean Philippe Ricci

I come back to you
again and again
Serve my time
breathless
screaming
out of step
a defiant wave
from the lazy summer. . .

È corgu à pressu à tè
dinù è dinù
Torna à pena
issu fiatu
issu mughju
issa stonda crescitoghja
in u marosu mattu
di l'estate scalmosu. . .

Daily delights
in a spicy summer
far away from dripping cities
Dance in a waterfall
weave carefree moments
descend to our childhood
surrender.

Muscu di luce
in l'estate salitu
luntanu da e cità sudore
E nostre fole spisce
issu pocu imprime tessenu
in fondu à a nostra zitellina
arresa.

The voice of iron from
deep underground
Traces the endless
hidden tunnels
The unveiled expanse
of green and grey
A monotonous, endless tale.
I must reach you
the one I miss
mountain
inebriated by bluish air
my eyes touch your shapes
Embrace you finally
the one I miss
lose myself
in your trails.

A voce di u farru
in a terra ciumba
Vistica tralucente
d'un tunellu infinitu
Si palesa a stesa
in u verde è u grisgiu
di una fola listessa.
Tuccà ti
chì mi manchi
muntagna
sfiurà li cù u sguardu
i to cuntorni
Abbraccià ti
chì mi manchi
abbandunà mi
à u to viaghju.

Where is the other side?
The other side of me released
from a deserted dream
For the moment, a child,
draped in dust
blurring boundaries
where my desires dive
docile then violent
Words become flesh
mirror certainty
I cross now to the other side
I belong to you.

L'altru latu induv' hè?
l'altr' eiu natu
d'un sognu spapersu
Stu tendone di polvera
affosca a cunfine
di a mo brama
è doma è viulente
Ma a parolla hè carne
spechju di verità
Eccu chì barcu avà
Nantu à l'altra sponda
sò toia.

Houses stare down
the black pebble coast
vague shapes of waves
Run ashore
under inquisitive eyes
Fragmented sentences
swirl
crush against bluish wind
of a May morning
We stay here
halfway through this
back-and-forth
The sea has not said
its last word!

Si spendecanu e case
da sopra à a sponda di cote
nere
S'arenanu
ombre frolle di schjuma
Da i purtelli ochjuti
parolle tronche
in giravì
impettanu l'alitu turchinu
di issa mane di maghju
Noi ci stemu quì
mezu à issu chjami è rispondi
Ùn l'hà ancu compia u mare
a so impruvisata!

Squeak
Snap
black pebble
Rhythm
spindrift atom
the wave!
Come, come
summer in our steps
mine inside yours
God, how much I love
Your feet
in my shoes!
Navy blue!

Sciacchittime
Chjocca
nera cotta
Fà lu batte
atomu schizzosu
u marosu!
Veni veni
statina sottu à i passi!
I toi in i mei
O quant'elli mi piacenu
i to pedi
ind'è i mo scarpi!
Turchinu maiò!

Forcefully
in a chaotic way
you smooth your hair
in the dark room
the hot and heavy
silences
enhance
our fantasy dreams
our longing
Short story
Escape
reflection
upon exile.

Chjuccutu
t'allisci i capelli
d'un gestu cunfusu
in a sala scura
da i silenzii trascaldati
è pisii
duv'elle s'appendenu
e nostre brame
fantastiche
Storia corta
Fughje
pò spechjà ci si
cume in esiliu.

I crossed
arid lands
obscure shrines
deserts
In the middle of the circle
and strange summers
I lost myself with you.

Aghju barcatu
arride terre
tempii scuri
deserti
In lu chjerchju
trà statine strane
mi sò spapersa cun tè.

The stream rumbles
Fall and salt
scents mingle
Water carries
all the old tales.

Un frombu d'onda
Si mischjanu muschi di sale
è vaghjime
L'acque si trascinanu
tutte e fole vechje.

Each cry of the people
gives its voice
to heaven.

Atlantic road
you cannot see
a man facing exile
Turn
to memory
you are cold.

Ogni buriana di ghjente
porghje à u celu
a voce.

Strada atlantica
ùn vedi
solu corre u sognu azurru
Omu
di pettu à l'esiliu memoria
ai u freddu.

Each spin of the wheel
a new prayer
a song
Your soul refreshed
the new mirror
the sky
pure respite.

Ogni giru di rotula
sbucina e preghere
in l'aria
L'anima toia
hè spechju novu
in celu
lindu assulià.

Patrizia Gattaceca

E strade artistiche di Patrizia Gattaceca sò parechje, pueta è
musicante, attore culturale da l'anni di u Riacquistu, Patrizia hè
sempre in cerca di nuvità. Oghje ci prupone *Isula d'anima, Soul
Island* (puesie in corsu è in inglese). In più di a so discugrafia
impurtante, Patrizia hè l'autore di parechje racolte: *L'Arcubalenu,
A Paglia è u focu/ La paille et le feu, Mosaicu, Tempi di rena.* E so puesie so
state dinù publicate in diverse antulugie: *D'oghje si, d'oddiu no, Aliti,
A Filetta, une anthologie de rencontres, Echelle et papillon, l'anthologie du
pantoum, Poèmes et photos de femmes du monde entier* . . .

Patrizia Gattaceca is a versatile artist: poet, musician, and actor
from the *Riacquistu* cultural revival. In addition to her extensive
discography, Patrizia is the author of several poetry collections:
L'Arcubalenu, A Paglia è u focu/ La paille et le feu, Mosaicu, Tempi di rena.
Her poems are also published in various journals and anthologies:
*D'oghje sì, d'oddiu nò, Aliti, A filetta, Une Anthologie de rencontres,
Fenêtre et papillon (L'anthologie du Pantoum); Poèmes et photos du
monde entier* . . .

Isula d'Anima/Soul Island is the first full-length poetry collection of
Patrizia Gattaceca's work to be translated into English.

books on three rooms press

POETRY

by Hala Alyan
Atrium

by Peter Carlaftes
DrunkYard Dog
I Fold with the Hand I Was Dealt

by Joie Cook
When Night Salutes the Dawn

by Thomas Fucaloro
Inheriting Craziness is Like
* a Soft Halo of Light*

Patrizia Gattaceca
Soul Island

by Kat Georges
Our Lady of the Hunger
Punk Rock Journal

by Karen Hildebrand
One Foot Out the Door
Take a Shot at Love

by Matthew Hupert
Ism is a Retrovirus

by Dominique Lowell
Sit Yr Ass Down or You Ain't gettin
* no Burger King*

by Jane Ormerod
Recreational Vehicles on Fire
Welcome to the Museum of Cattle

by Susan Scutti
We Are Related

by Jackie Sheeler
to[o] long

by The Bass Player from Hand Job
Splitting Hairs

by Angelo Verga
Praise for What Remains

by George Wallace
Poppin' Johnny
EOS: Abductor of Men

PHOTOGRAPHY-MEMOIR

by Mike Watt
On & Off Bass

FICTION

by Michael T. Fournier
Hidden Wheel

DADA

Maintenant: Journal of
Contemporary Dada Art & Literature
(Annual journal, since 2003)

SHORT STORIES

Have a NYC: New York Short Stories
Annual Short Fiction Anthology

HUMOR

by Peter Carlaftes
A Year on Facebook

PLAYS

by Madeline Artenberg &
Karen Hildebrand
The Old In-and-Out

by Peter Carlaftes
Triumph For Rent (3 Plays)
Teatrophy (3 More Plays)

by Larry Myers
Mary Anderson's Encore
Twitter Theater

TRANSLATIONS

by Patrizia Gattaceca
Soul Island (poems in Corsican
with English translations)

by George Wallace
EOS: Abductor of Men (poems in
English with Greek translations)

three rooms press | new york, ny
current catalog: www.threeroomspress.com